A mon Père et à ma Mère.

1847

FACULTÉ DE DROIT DE TOULOUSE.

ACTE PUBLIC

POUR LA LICENCE,

En exécution de l'art. 4, tit. 2, de la loi du 22 Ventôse an 12,

SOUTENU

Par M. Antoine de DULÇAT,

Né à Perpignan (Pyrénées-Orientales).

JUS ROMANUM.

INST. LIB. III, TIT. III ET IV.

De Senatus consulto Tertylliano. De Senatus consulto Orphitiano.

Duos ordines successorum ab intestato lex duodecim tabularum fecerat, suorum scilicet hæredum et agnatorum, masculorum progeniem omnibus præponebat : hæc erat sua vis. Et suæ originis consecratæ in ære memoriam retinens, adeo expellebat qui per femini sexûs necessitudinem sibi jungebantur, ut nequidem inter

matrem et filium filiamve ultro citroque hæreditatis capiendæ jus
diret. Filii veluti hæredes sui, aut agnati patrià potestate defunctæ
et pueribus familiæ civili illatis privatæ matris non hæreditatem
accipiebant; mater autem nullo jure civili ad successionem puerorum vocabatur. Exceptio tamen erat, quùm mater convenisset
in manum mariti, tùm habitæ filia mariti sui, et sicut soror consanguinea puerorum suorum, legitimà hæreditate fruebatur.

Ita matrem, quæ in manu mariti non erat, tertio in ordine ad
successionem liberorum vocebat jus prætorum, bonorum possessionem omnibus cognatis secundùm proximitatis gradum concedens·

Sui autem sunt omnes qui in potestate defuncti fuerint; *hæredes
sui* fiunt qui proximiorem gradum tenent, vel proprio jure, vel jure
mortui patris. Feminæ nunquam habent patriam potestatem; idcirco
suus hæres feminis extare non potest.

Agnati vero dicuntur quos persona virilis sexus cunjungit, ita
ut mater et filius cognati non agnati sibi sunt, nisi mater, ut
diximus suprà in manum mariti convenerit. Ex hoc sequitur, matrem ad hæreditatem filii, filium ad hæreditatem matris, tertio loco
venire, id est auxilio prætoris qui post suos hæredes et agnatos,
bonorum possessionem cognatis deferebat.

Hæ juris Angustiæ posteâ emendatæ sunt : et primus imperator
Claudius matri, omnibus postpositis agnatis, liberorum ejus detulit
hæreditatem, Non erat adhuc universa lex, sed exceptio ; Claudius
enim solùm ferre matri solatium flebile liberorum amisssorum
voluerat.

Hæc tamen juris vincula sub Antonini regno Adriani cognominati
plenissimè solverunt senatus-consulta Tertulianum et Orphitianum.

De Senatus-consulto Tertylliano.

S. C. T. introduxit plenissimè in jure civili Claudii benignitatem :
omnes que matres non avias ad legitimam hæreditatem liberorum
vocavit. Liberos autem accipere debemus, sive ex justis nuptiis

procreati sint, sive vulgò quæsiti. Quamvis mater sui juris aut alieni sit, regula tamen est constans; et in extremo casu, debet solùm adire jussus parentis, cui subjecta est.

Illa solùm tamen Tertylliano commodo fruitur, quæ *jus liberorum* habet. Jus liberorum, id est : quæ tres liberos ingenua, quatuor libertina vivos et pleni temporis peperit. Hoc ita intelligendum est, ut quæ semel, uno partu, duo vel tres filios edidit, jus liberorum non habet. Sed femina cui numerus deest constitutione principali jus liberorum sœpe consequitur, ex tunc imperatoris sola voluntas ordinem successionis mutabat. Hæc adhùc exceptio, fit regula constitutione Theodosii. Beneficium habebat etiam hujus senatus-consultûs, mater quæ liberis tutorem petere non omittebat, Quoad se neglexerit, aut idoneum non petierit mater major viginti et quinque annorum a legitima filii impuberis hæreditate repelletur. Si forte excusatus vel remotus sit tutor intrà annum et non suprà, mater aliam petere debet. Et filio mortuo post pubertatem, mater non excluditur, quia pubes intestatus decedens matri parcere videtur.

Nunc videamus quibus mater prœponitur, et quibuscum admittitur. Sunt qui excludunt matrem : fratres consanguinei et non uterini. Si soror et fratres sint, exclusa matre, hæreditatem universam capiunt. — Liberi defuncti qui sui, aut suorum loco sunt; liberi filiæ mortuæ sui juris, quos S. C. Orphitianum vocabat ante omnes agnatos; quamvis in jure stricto, feminæ non haberent hæredes suos. — Pater et non avus et proavus; scilicet cum inter patrem et matrem de hæreditate solùm agitur. Videamus casus in qualibus, alteris concertantibus, pater excludebatur a matre. Quùm pater datus ipse in adoptione aut emancipatus ab avo, factus tunc cognatus, numeratur solùm post omnes agnatos; exemplo enim consanguinea soror, jure agnatorum cum matri defuncti hæreditatem dividit. Sed si nullus agnatus extiterit, in capite cognatorum venit pater, qui subito excludit matrem; ea est regula; sed si avus emancipavisset nepotem suum, non excludebitur ipse a matre, quia etenim excluso; illa cum patre concurreret et excluderetur etiam a patri, quem excluderet in fine avus emancipator.

Principales constitutiones. Senatus-consultum corrigentes, partim matrem adjuvarunt, partim jura sua minuerunt ; aliæ, jura in successionem matri, liberorum numero etsi non enixæ permittentes ; aliæ verò negantes tertiam hæreditatis matri cum avunculo venienti, quæ ter vel quater pepererat.

Justinianus matri subveniendum esse existimans (Jam decretaverant Honorius et Theodosius : *nemo post hac a nobis jus liberorum petat, quod simul hac lege omnibus concedimus*), constitutionem eam, Juribus à S. consulto datis positam, omnibus personis legigimis anteponi, et sine ulla diminutione, filiorum suorum succcessionem accipere voluit: etsi non ter vel quater peperisset. Mater eum sororibus veniens dimidiam partem hæreditatis capit ; altera pars sororibus in capita distribuitur. Cum fratribus aut cum fratribus et sororibus simul inter omnes in capita successio dividetur. Matri semper impositum fuit onus potendi tutorem.

De Senatus-consulto Orphitiano.

S. consultum Tertyllianum juræ matris auxerat, non multo post tempore, S. consultum Orphitianum jura liberorum per contrarium auxit.

In primis, liberi excludebantur ab omnibus agnatis defunctæ, quamvis ipsa mater fuisset in manu mariti, et accedebant successioni tertio ordine. Sed in tempore Marci Aurelii et Commodi, viginti annos post publicationem S. consultûs Tertylliani, ad bona matrum admissit liberos S. C. O., quod eas prætulit consanguineis et agnatis defunctæ matris. Non erant liberi novo in ordine hæredes sui, cùm mater hæredes suos habere non posset, sed veniebant loco suorum, advocati antè omnes. Liberi qui vulgò quasiti non exceptione ullà admissi fuerunt ad matris hæreditam ex hoc senatus-consulto.

Brevi beneficium idem sub imperio Valentinii Theodosii et Arcadii obtinuere nepotes neptesque, quamvis S. C. Teryllianum vocaret avum ad successionem patris.

Attamen minùs accipiebant; lege autem Justinianà omnes descendentes jus æquala habent. Pars hæredis qui non adit hæreditatem, ad partem aliorum adcrescit.

Jus hæreditatis secundum hæc senatûs-consultà datum, minimâ capitis diminutione non amittitur. Nam novæ hæreditatis legitimæ capitis diminutione non percunt; sed illæ solæ quæ ex lege duodecim tabularum deferuntur. Nec hoc mirum est, etenim vinculum naturale solum spectatur.

CODE CIVIL.

LIVRE III, TITRE III.

Du Contrat de Mariage (1387-1440).

DISPOSITIONS GÉNÉRALES.

La loi, encourageant le mariage, a dû aussi entourer de toute faveur les conventions matrimoniales, et les parties peuvent les faire comme elles le jugent à propos. Toutefois, cette liberté ne doit pas aller jusqu'à blesser les bonnes mœurs (1387), et les fiancés ne pourraient s'autoriser mutuellement à se séparer à leur gré pour une cause que les lois n'auraient pas exprimée.

Ils ne pourraient pas non plus, dans leur contrat de mariage, déroger aux droits de la puissance maritale, de la puissance paternelle, de la tutelle et de l'émancipation, et aux autres dispositions légales et prohibitives; ce sont des dispositions d'ordre public que personne ne peut enfreindre, et toute clause qui les violerait serait frappée de nullité : il en serait de même des autres conventions dont l'effet serait de changer l'ordre légal des successions, soit par rapport aux parties elles-mêmes, soit par rapport à leurs enfans ; on ne pourrait pas non plus stipuler des renonciations à la succession d'une personne vivante contre un article précité du Code civil (791 et 1130).

Le Code civil abrogeant les anciennes coutumes, on ne peut se soumettre à l'une d'elles d'une manière générale, mais rien n'empêche cependant de transcrire dans le contrat de mariage des conventions prévues par une coutume, pour s'y soumettre et les observer lorsque ces conventions ne transgressent pas nos prohibitions légales.

Quoique les époux puissent se marier ou sous le régime de la communauté, et tous les biens acquis pendant le mariage deviennent alors communs aux époux, ou sous le régime dotal dont l'essence est l'inaliénabilité des immeubles de la femme et dont le seul usufruit appartient au mari, il y a encore deux autres régimes dont s'occupe la section IX, et qui ont pour objet l'exclusion de communauté et la séparation de biens.

Il faut une déclaration expresse du régime choisi par les époux et qu'ils veulent suivre

Toutes conventions matrimoniales doivent être rédigées *avant le mariage*, par acte devant notaire, et ne peuvent recevoir aucun changement après sa célébration.

Un acte *privé* pourrait être antidaté et les droits des époux, de leurs enfans, et des tiers même pourraient être aisément compromis.

Combien aussi il serait facile à la fraude de se produire, et de faire disparaître des droits garantis par des actes, au moyen d'antidates et de changemens. Tel homme qui prêterait volontiers une somme d'argent à des époux, sur la foi d'un acte privé et même notarié, établissant la communauté de biens, la faculté de les aliéner donnée au mari , maître de cette communauté , serait trompé et risquerait même de tout perdre si le contrat de mariage pouvait admettre des changemens tendant à rendre dotaux , par exemple , des biens soumis au régime de la communauté et inaliénables d'aliénables qu'ils étaient. On peut, il est vrai, apporter des changemens aux conventions matrimoniales *avant* la célébration du mariage : mais ces changemens doivent être transcrits à la suite du contrat de mariage, et le notaire ne pourrait en délivrer copie qu'avec ces changemens.

Le mineur habile à contracter mariage peut consentir les conventions qu'il voudra , pourvu qu'il soit assisté de ceux dont le consentement est nécessaire pour la validité des parens.

Après l'examen de ces dispositions générales, nous arrivons au régime en communauté , point principal de notre question.

Du Régime en communauté.

C. C. Sect. 1re

La communauté légale ou conventionnelle commence du jour du mariage devant l'officier de l'état civil (1399).

Le Code, par cet article, reconnaît deux sortes de communautés; passant sur l'explication facile de ce qui fait leur distinction , occupons-nous de la communauté légale qui termine notre thèse.

§ 1er. — *Communauté légale.* — *De son actif.* — La communauté se compare activement , 1° de tout le mobilier des époux et de celui qui leur échoit pendant le mariage ; 2° de tous les fruits échus au père sur les biens appartenant aux époux lors de la célébration du mariage, et depuis , 3° de tous les immeubles acquis pendant le mariage.

Il est à remarquer que les immeubles échus aux époux par donation ou testament, enfin à titre gratuit, n'entrent pas dans la communauté si le donateur n'exprime une volonté contraire.

Tout immeuble est réputé acquêt de communauté s'il n'y a preuve du contraire. Cette preuve résultera de la production des actes d'une date antérieure au contrat, ou de la possession en vertu de ces actes.

Les coupes de bois et produits des carrières et mines tombent dans la communauté, parce qu'ils sont considérés comme usufruit ; les futaies n'y entrent pas parce que l'usufruitier, art. 592, n'y a aucun droit.

En dernier lieu, il faut encore remarquer avec l'art. 1408 que, si l'époux propriétaire d'un immeuble ou de partie, en obtient un autre par échange ou licitation, et qu'il doive payer un excédant de valeur ou soulte, comme il le paie évidemment des fonds de la communauté, il devra le rapporter à la communauté au moment où elle devra se partager. Cette récompense est d'ailleurs de toute justice.

§ 2. — *De son passif.* — Le mobilier des époux entrant dans la communauté, toutes les dettes mobilières qu'ils avaient en se mariant ou contractées par le mari durant la communauté, sont à la charge de la communauté, sauf récompense pour les dettes ou les grosses réparations concernant les immeubles propres à l'un des époux.

Les réparations usufruitières comme les alimens des époux, l'éducation des enfans sont des charges de la communauté comme des devoirs.

Les dettes d'une succession purement *immobilière* échue à l'un des époux ne sont pas à la charge de la communauté, sauf les droits des créanciers sur les immeubles de cette succession. — Si la succession est échue au mari, comme le mari est maître de la communauté, les créanciers peuvent suivre leur paiement sur les biens de cette communauté ; mais dans ce cas le mari lui doit récompense pour lui. — Du reste, il est fort juste que la communauté paie *les intérêts* de ces dettes, puisqu'elle profite des fruits. — Si le mari a autorisé sa femme à accepter une succession à elle échue ; les poursuites des créanciers de cette succession peuvent s'exercer sur tous les biens de la femme, sinon sur la nue propriété seulement, l'usufruit devant être réservé au mari. Il en est de même pour les dettes contractées par la femme avec le consentement du mari, ils deviennent solidaires, et tous leurs biens comme ceux de la communauté doivent en répondre. Il est évident que si la femme ne contracte une dette qu'en vertu des pouvoirs du mari, les biens de celui-ci sont seuls obligés, comme ceux de la communauté, mais sauf récompense due alors à la femme.

N'oublions pas de dire que les dettes grevant la communauté doivent résulter d'actes authentiques, ayant date certaine, par l'enregistrement, décès ou mentions positives dans d'autres actes, sans quoi les dettes simulées de la femme pourraient ruiner la communauté.

De son administration, etc. — Les droits du mari sur les biens de la communauté vont jusqu'à pouvoir les vendre, aliéner, hypothéquer sans le concours de sa femme (1421) ; et cependant il ne peut en disposer à *titre gratuit*, si ce n'est pour l'établissement des enfans communs. Lorsqu'on vend, on retire un prix, un avantage pour la communauté, il y a compensation ; elle est présumée ne rien perdre : en donnant on pourrait l'appauvrir ; aussi par une donation testamentaire il ne peut léguer que *sa part* dans la communauté.

Les condamnations emportant *mort civile* ne peuvent frapper que la part de l'époux condamné, parce que la *mort civile* détruisant la communauté et en amenant le partage, chacun des époux doit retrouver sa part égale. — Dans les autres cas, les amendes encourues par le mari se poursuivent sur tous les biens de la communauté ; celles encourues par la femme ne peuvent frapper que la nue propriété de ses biens, l'usufruit devant rester au mari.

La femme engage les biens de la communauté lorsqu'elle contracte comme marchande publique, autorisée comme telle par son mari. En l'absence de son mari, la femme ne peut, sans autorisation de la partie, prendre aucun engagement pour l'établissement de ses enfans : cette autorisation lui est même nécessaire pour tirer son mari de prison.

Si le mari peut seul aliéner les biens de communauté comme chef, il ne peut aliéner ceux personnels à sa femme sans son consentement : il est même responsable de tout dépérissement de ces biens dont il n'a que l'usufruit, l'administration, et par conséquent l'exercice des actions mobilières et possessoires dont l'oubli engagerait sa responsabilité, tenu qu'il est de veiller à la conservation des biens de sa femme. — Les baux de ces mêmes biens ne peuvent, en cas de dissolution de la communauté, excéder la période de neuf ans où l'on peut se trouver. Ces baux ne peuvent être renouvelés plus de trois ans avant l'expiration du bail courant s'il s'agit de biens ruraux, ou de deux ans s'il s'agit de maison, à moins que leur exécution n'ait commencé avant la dissolution de la communauté (1430). — La femme, quoique solidairement engagée avec son mari, ne l'est que comme *caution*, ayant à ce titre recours contre lui, dont d'influence, s'il en était autrement, pourrait devenir fatale à la femme ; de même si le mari était recherché par un tiers pour avoir garanti la vente d'un bien de sa femme dont le tiers serait évincé, le mari aurait un juste recours contre sa femme soit sur la part dans la communauté, soit sur ses biens personnels.

Il est juste aussi que toute somme appartenant à l'un des époux, comme prix de vente, ou toute somme retirée de la communauté dans le seul intérêt de l'un des époux, comme grosses réparations, améliorations et autres avantages pour lui, soit prélevée pour ou contre celui qui en a profité, lors du partage de la communauté.

Pendant la communauté on doit faire remploi des sommes appartenant à l'un des époux, acheter, par exemple, une propriété du prix de la vente qu'on avait faite d'un autre, en le déclarant ainsi dans l'acte de remploi. Si cela regarde la femme, le remploi doit être *formellement accepté* par elle (1435), pour éviter la surprise de son mari, qui pourrait lui imposer un remploi non profitable ni convenable.

La loi voyant la position désavantageuse de la femme vis-à-vis de son mari, tend toujours à l'adoucir : ainsi, la récompense du prix de l'immeuble du mari ne s'exerce que sur *la masse de la communauté* (1436), car il y a à s'imputer toute faute, tandis que la récompense du prix de l'immeuble de la femme s'exerce sur les biens personnels du mari, en cas d'insuffisance des biens de la communauté, comme seul responsable.

La dot conjointement promise à l'enfant commun par ses père et mère, sans exprimer la part de chacun, est due par eux *pour moitié*; et il y a lieu à indemnité pour moitié de la part de l'époux dont l'effet pesonnel a constitué la dot. En effet, toute position de fortune égale, d'ailleurs, le devoir de payer une dot à leur enfant les lie également.

Si le mari constitue seul la dot en effets de communauté, la communauté est obligée, et la femme, en l'acceptant, en subit la moitié, à moins que le mari ne s'en soit chargé pour le tout ou pour une plus forte portion.

La garantie de la dot (1440) et ses intérêts du jour du mariage, sont dus par ceux qui l'ont constituée. Le soutien des charges du ménage, l'harmonie du mariage qui n'aurait peut-être pas eu lieu sans garantie de la dot, et des intérêts, en rendent l'accomplissement sacré et inviolable.

CODE DE PROCÉDURE.

1re PARTIE, LIV. II, TIT. XVII.

Des reprises d'instance et constitution de nouvel avoué.

La reprise d'instance suppose toujours un incident en dehors de la cause elle-même. Obstacle puissant, il surgit au milieu des débats pour arrêter toute continuation de procédures et éloigner le jugement.

L'art. 342 qui commence ce titre porte que le jugement de l'affaire qui sera en état ne sera différé par le changement d'état des parties, ni par la cessation des fonctions dans lesquelles elles procédaient, ni par leur mort, ni par les décès, démissions, interdictions ou destitutions de leurs avoués.

Notre titre commence par une contradiction avec lui-même ; il reconnaît d'abord quatre cas qui pourraient différer le jugement d'une affaire qui serait en état, et cependant, par l'art. 343, deux de ces conditions sont anéanties, et par l'art. 344, on reconnaît que notre Code ne reconnaît pour arrêter le jugement : 1° que la mort de l'une des parties : 2° que le décès, démissions, interdictions ou destitutions des avoués, les deux autres motifs appartenaient à l'ancienne jurisprudence. Et qu'importe en effet au fond de l'affaire, et au jugement qui doit en être porté, le changement d'état des parties, la cessation des fonctions dans lesquelles elles procédaient?

L'art. 343 explique ce que l'on doit entendre par ces mots: *une affaire en état;* elle est en état, dit-il, lorsque la plaidoirie est

commencée , c'est-à-dire quand les conclusions ont été contradictoirement prises à l'audience , et dans les affaires qui s'instruisent par
écrit (ce qui a lieu dans les affaires longues et difficiles) , la cause est
en état quand l'instruction se trouve complète ou quand les délais
pour les productions sont expirés.

Dans les affaires sur rapport, notre Code est d'accord avec l'ancienne jurisprudence , mais dans ce qui se juge sur plaidoiries , nous
différons avec elle. Sous le régime de l'ancienne ordonnance de 1667,
il fallait que toutes les plaidoiries fussent terminées, que l'arrêt seul
manquât. C'étaient des lenteurs interminables , et souvent des dé-
penses toujours inutiles et toujours contraires à l'intérêt des parties
et de la justice elle-même.

En effet, lorsque toutes les conditions indiquées par notre légis-
lation sont remplies, il ne reste plus rien à faire. Les juges sont
instruits ; ils sont prêts à rendre leur jugement sur des conclusions
contradictoirement prises , sur des plaidoiries commencées, ou si
l'affaire s'est instruite par écrit, l'instruction est devenue complète
par la production des mémoires , défenses et réponses de toutes les
parties qui ont éclairé le magistrat et fixé leur opinion. Si même l'une
d'elles avait laissé passer les délais sans produire, les pièces produites
par les autres à l'appui de leurs mémoires auraient servi à la recherche
de la justice, et d'ailleurs , la partie négligente , ne devrait imputer
qu'à elle-même son défaut de production dans les délais déterminés
par l'art. 96 et suivans du Code de Procédure jusqu'à l'art. 111 :
pour que l'instruction soit complète, il n'est pas nécessaire que le
rapporteur de la cause en ait fait le rapport à l'audience, et que le
procureur du roi y ait été entendu , lorsque l'affaire est susceptible
de lui être communiquée, parce que d'après l'art. 111, les défendeurs
ne peuvent sous aucun prétexte prendre la parole après eux, ni produire de nouvelles pièces et prendre de nouvelles conclusions.

D'après l'art. 344 et dans les affaires qui ne seront pas en état ou
prêtes à recevoir jugement , toutes procédures faites après la *notifica-
tion* de la mort de l'une des parties , seront nulles. — Jusqu'au jour

d e cette signification , toutes les procédures sont valables : la partie qui a éprouvé le décès de son auteur est seule en faute de ne l'avoir pas fait connaître à son adversaire qui a pu l'ignorer et qui dès-lors a été fondé à continuer ses procédures.

Suivant le même article, il n'est pas besoin de signifier les décès , démissions, interdictions ni destitutions des avoués ; les poursuites faites et les jugemens obtenus depuis sont nuls , s'il n'y a constitution de nouvel avoué.

Tout ce qui regarde un avoué en cause est toujours connu des autres avoués, et quand l'avoué est décédé , la partie qui l'a perdu est assignée devant le tribunal saisi de l'affaire , en constitution de nouvel avoué , dans les délais fixés au titre des ajournemens, avec les conclusions , l'indication des noms des avoués qui occupaient, et du rapporteur, s'il y en a ; alors l'affaire est régulièrement reprise conformément à l'art. 346 du titre qui nous occupe.

Il peut se présenter encore deux cas dans lesquels l'avoué est suspendu dans ses fonctions ou pour mieux dire , n'est plus le mandataire de sa partie ; dans les cas de révocation du mandat judiciaire , donné par la partie , et dans le cas enfin où l'avoué lui-même refuserait son concours. Et d'abord l'art. 75 veut qu'on ne puisse plus révoquer un avoué sans en constituer immédiatement un autre. Ensuite il semblerait que le Code a voulu peut-être admettre par son silence la suspension de l'affaire et par conséquent la reprise d'instance dans le cas où l'avoué refuse son concours à sa partie , mais nous devons tirer même conclusion que pour le cas précédent , et dire aussi que les cas d'interruption sont absolument limitatifs , il ne nous est donc pas permis d'en ajouter un seul.

Suivons le texte pas à pas , l'art. 345 porte que ni le changement d'état des parties , ni la cessation des fonctions dans lesquelles elles procédaient n'empêcheront la continuation des procédures. — Néanmoins , le défendeur qui n'aurait pas constitué avoué avant le changement d'état ou le décès du demandeur sera assigné de nouveau à un délai de huitaine pour voir adjuger les conclusions et sans qu'il soit besoin de conciliation préalable.

Nous ne nous occupons que du deuxième paragraphe de cet article, car nous savons déjà que le paragraphe premier ne fait que corriger une partie de l'art. 342. Mais si nous comparons les deux paragraphes de ce même art. 345, nous voyons que la deuxième disposition tend à modifier la première; et c'est seulement dans l'intérêt du défendeur. Ne pourrait-il pas croire, se fiant dans la justice de sa cause, que les héritiers du défunt ont abandonné l'instance avec leurs prétentions? Aussi faut-il nouvelle assignation de leur part tout en laissant ses effets, contre la prescription etc., à la première assignation du demandeur lui-même.

L'art. 348 porte : si la partie assignée en reprise (par acte d'avoué à avoué (347), conteste, c'est-à-dire si elle prétend que sa partie adverse n'est pas décidée, l'incident sera jugé sommairement par acte d'avoué, et tous les frais et dommages-intérêts seront à la charge de la partie qui aura trompé l'autre; de manière aussi que si le décès notifié se trouve véritable, tout ce qui aura été fait depuis sera nul et de nul effet.

A l'expiration des délais de l'assignation, on va à l'audience sur un acte de sommation d'avoué à avoué, et si la partie assignée ne comparaît pas, jugement qui tient la cause pour reprise avec les nouvelles parties ou avoués, et ordonne qu'il sera procédé suivant les derniers erremens sans d'autres délais que ceux qui restaient à courir.

Ce jugement par défaut sera signifié par un huissier commis, en énonçant le nom du rapporteur si l'affaire est en rapport.

L'opposition à ce jugement de défaut par l'adversaire est portée à l'audience dans la huitaine du jour de la signification à avoué du jugement rendu, comme le prescrit l'art. 157 du Code de Procédure.

CODE DE COMMERCE.

De la Lettre de Change. — De la Provision.

La lettre de change est l'une des parties les plus importantes du Code de Commerce, celle peut-être qui offre le plus de difficultés dans la pratique.

Précisons bien d'abord le but de la lettre de change ; quel est-il ? C'est celui *de créer une valeur destinée à suppléer l'écu métallique* , et dans son application, de faire payer dans un tel lieu et à telle époque, et chez un correspondant désigné , la somme qu'a comptée un emprunteur pour éviter de transporter le montant dont il aura besoin à l'échéance fixée ; voilà pourquoi et suivant l'article 110 du Code de Commerce , la lettre de change est tirée d'un lieu sur un autre ; — elle est datée ; — elle énonce la somme à payer ; — le nom de celui qui doit payer ; — l'époque et le lieu où le paiement doit s'effectuer ; — La valeur fournie en espèces , en marchandises ou de toute autre manière. Elle est à l'ordre d'un tiers ou à l'ordre du tireur lui-même.

Ainsi l'on voit que trois personnes concourent nécessairement à la création d'une lettre de change : *le tireur* qui remet la lettre de change , nouveau *nummus métallique ; l'emprunteur* ou *preneur* , et *le tiré* chez lequel le preneur ou celui auquel il aura transmis la lettre de change par son endossement , se présentera à l'échéance pour en recevoir le montant. Il faut remarquer que si les fonds manquaient à l'échéance chez le tiré, le porteur aurait son recours contre le tireur , qui ne cesse pas d'être personnellement obligé , art. 115 relatif à la provision.

Lorsqu'il y a provision chez le tiré , le preneur est à l'abri , mais s'il n'y en avait pas , et que dans l'intervalle , le tireur fût devenu insolvable ou tombé en faillite , les fonds du preneur seraient perdus ou bien compromis par les faibles dividendes qu'il pourrait espérer dans la faillite.

Pour acquérir de la sécurité , le preneur ou porteur de l'effet ou lettre de change a le plus grand intérêt à s'assurer si la provision a été faite. Les articles 120 et suivans lui en donnent les moyens, puisqu'il a le droit de demander au tiré s'il veut ou non accepter, sans attendre le moment de l'échéance. Si le tiré accepte , en écrivant le mot *accepté* au bas de la lettre de change , la provision est censée exister, selon l'art. 117. Si , au contraire, celui sur qui est tirée la lettre de change refuse de l'accepter, ce refus inquiétant pour le preneur , oblige celui-ci à assigner le tireur , pour qu'il rembourse le montant de la lettre de change ou donne caution qui en garantisse le paiement à l'échéance. Le tireur a failli à son engagement en recevant l'argent ou autres valeurs du preneur ; il est tenu de le rembourser sans retard , avec intérêts, du jour où il l'a reçu, s'il ne donnait caution.

Si le refus d'accepter était mal fondé de la part du tiré , s'il avait réellement la provision pour acquitter la lettre de change , le tireur aurait le droit de l'assigner et de le faire condamner à des dommages-intérêts pour le tort que cet injuste refus lui aurait causé vis-à-vis du preneur.

Ce n'est pas seulement celui qui a tiré une lettre de change qui doit faire la provision, celui pour le compte de qui elle a été tirée en est tenu à défaut du tireur ; cependant si celui qui a donné l'ordre au tireur de tirer un effet de commerce , ne l'a pas signé, il n'est pas réputé tireur. Nous croirions du reste, dans ce cas, que le tireur pourrait prouver par écrit correspondance, et même par témoins. que le tiers lui aurait réellement donné l'ordre de tirer pour lui. Il est à remarquer que le tireur qui a tiré pour le compte d'un autre ne cesse pas d'être personnellement obligé envers les endosseurs et le porteur seulement, d'après l'article 115 du Code de Commerce , modifié par la loi du 19 mars 1817, par la raison que celui qui a donné ses fonds et reçu en échange la lettre de change, a compté principalement sur l'individu qui la lui a remise et sur son obligation de faire les fonds au tiré s'il a accepté, ou de le rembourser si, à l'échéance, il paie sans les avoir reçus.

Le tireur est donc obligé de faire provision chez le tiré pour remplir à l'échéance l'engagement qu'il a pris avec le preneur dont il a reçu l'argent ou autres valeurs. Il est donc important de savoir quand il y a provision, et nous voilà ramenés naturellement à notre question : *de la provision.*

De la Provision.

L'art. 116 du Code de Commerce, porte : « Il y a provision si, à » l'échéance de la lettre de change, celui sur qui elle est fournie » est redevable au tireur ou à celui pour le compte duquel elle est » tirée, d'une somme au moins égale au montant de la lettre de » change. »

Puisque le législateur, dans cet article, nous apprend que, pour reconnaître s'il y a provision, il faut considérer l'échéance, il faut naturellement conclure que si le tiré, débiteur d'une somme au tireur, la lui paie avant le terme de l'échéance, il sera considéré comme non approvisionné, à moins que le tireur n'ait envoyé de nouveaux fonds.

D'après M. Pardessus, il faut une détention réelle pour constituer la provision, peu importe du reste que cette provision soit en argent, marchandises ou tout autre objet, pourvu qu'ils représentent une valeur réelle. Il est bien important pour le preneur qui a donné son argent, que le tiré accepte la lettre de change, ou qu'il ait réellement provision pour la payer, c'est-à-dire de l'argent, des effets dont il toucherait le montant, ou des marchandises à vendre, pour que le prix serve à solder cette lettre de change.

L'usage des lettres de change est fort utile aux besoins et à l'activité du commerce, puisque par leur secours on fait payer ce que l'on doit dans des lieux éloignés et sans s'y transporter soi-même, aux époques qui conviendront, avantage qui s'applique aux voyageurs dispensés de porter avec eux des sommes considérables au moyen d'une lettre de change qui les représente et leur évite tant de dangers pendant une longue route ; mais à côté des avantages de la lettre de change, se rencontrent trop souvent des chances de tout perdre, soit par la faillite du tireur ou du tiré dans l'intervalle de la date de la lettre de change à l'époque du paiement, soit par les discussions entre les *prétendans-droit*, dont n'affranchissent pas toujours ni la provision faite par le tireur chez le tiré, ni l'acceptation de ce dernier.

Et d'abord si le tiré a accepté, il devient solidairement obligé avec le tireur au paiement de la lettre de change (art. 118, de l'acceptation).

Passons aux difficultés réelles que présente l'art. 117 : cet article est ainsi conçu : « L'acceptation suppose la provision ; elle en établit » la preuve à l'égard des endosseurs. » Que doit donc faire le porteur de la lettre de change à son échéance ? Si ce jour-là le tiré refuse de payer, ce refus est constaté par un acte de protèt, et dans la quinzaine de sa date, le porteur doit le signifier à son cédant et au tireur avec assignation en paiement devant le tribunal de Commerce. Si le protèt et la citation ont eu lieu après les délais prévus par l'art. 165 et suivans, les endosseurs qui ont transmis la lettre de change se trouvent libérés, mais quant au tireur et au tiré qui aurait accepté, que résultera-t-il ? le tireur ne sera libéré même après les délais dont il est question, qu'en prouvant, art. 117, qu'il a fait la provision, « Soit qu'il y ait ou non acceptation, le tireur seul est tenu de prouver, » en cas de dénégation, que ceux sur qui la lettre de change était » tirée avaient provision à l'échéance. » ce qui peut se faire, dit M. Pardessus, entre commerçans, par le moyen des livres qu'ils sont obligés de tenir ; ce qui, pensons-nous, n'exclut pas non plus d'autres moyens de preuves.

Quant au tiré, son acceptation le rend débiteur direct et l'expose au mêmes poursuites.

Sans doute, le tireur conserve le droit de propriété sur la provision. tant que le tiré n'a pas accepté ; mais s'il avait accepté, le tireur ne pourrait exiger la provision, puisqu'il serait obligé de garantir le tiré, son mandataire, de tous les effets de son obligation.

Les trois articles qui s'occupent de la provision le font si vaguement, qu'il serait assez difficile d'attacher un sens complet à cette disposion législative, si la pratique et la doctrine dans la pensée que le législateur n'avait pas statué en vain ne s'étaient efforcées de faire une théorie de la provision et de la rattacher à la lettre de change.

Le Code de Commerce n'a pas prévu les principales difficultes aux-quelles peut donner lieu la provision, aussi c'est dans un arrêt de la cour de cassation du 22 novembre 1830 (Sirey, page 389, 1830), que nous trouverons la réponse à la question que pose dans son cahier notre professeur M. Dufour, question ainsi conçue : « La provision » destinée à couvrir une traite est-elle ou non la propriété exclusive » du porteur, de telle sorte que celui-ci pourra la revendiquer au » préjudice des créanciers du tireur, ou même de ceux du tiré tombé » en faillite ? » Cette question se divise en deux branches : 1° des droits du porteur aux créanciers du tireur. Nous répondrons avec l'arrêt cité, que le tireur se trouvant dans la plénitude de ses droits en tirant la lettre de change, transmet au preneur la propriété de la somme cédée, dont il doit faire la provision à l'échéance ; qu'ainsi le porteur en devenait propriétaire à l'exclusion des créanciers de la faillite du tireur et pouvait l'exiger.

2° Des droits du porteur par rapport aux créanciers du tiré.

La provision existante entre les mains du tiré pour le paiement d'une lettre de change se trouve définitivement acquise au porteur, du moment soit de la signification du transport ou endossement au tiré, soit du protèt équivalant à signification de transport. En conséquence, aucune saisie ne peut être ultérieurement formée par des tiers sur la provision.

Ces décisions sont fort justes et éclairent infiniment les doutes que présentent les trois articles du Code relatifs à la provision.

DROIT ADMINISTRATIF.

Dans quel cas l'autorité judiciaire est-elle compétente pour appliquer ou faire exécuter des actes administratifs ou des décisions administratives ?

Cette question est complexe, et sa solution offre de grandes difficultés tout en exigeant d'assez longs développemens.

Pour abréger, nous ne dirons qu'en peu de mots, les services qu'ont rendus à la société française nos assemblées législatives, en proclamant que la séparation des pouvoirs était une des principales bases de l'organisation sociale. Mais il fallait, suivant les auteurs et principalement d'après le vénérable Henrion de Pensey, compétence des juges de paix, chapitre XXVII, « réaliser cette belle théorie, en » traçant entre les différens pouvoirs, des lignes de démarcation qui » fussent sensibles à tous les yeux. » C'était là la difficulté.

La loi du 24 août 1790 a déclaré l'autorité administrative et l'autorité judiciaire indépendantes l'une de l'autre. « Ce principe, dit » M. Chauveau Adolphe dans l'introduction à son précieux ou- » vrage sur la compétence et la juridiction administratives, a traversé » sans périr les tourmentes révolutionnaires ; il a été créé sous la mo- » narchie de 1789, il a été développé sous l'empire, et il est resté » debout sous la restauration et depuis. »

Que le droit administratif soit susceptible ou non de supporter complètement une codification législative, nous devons reconnaître les difficultés qui l'environnent, l'incertitude de la jurisprudence, l'hésitation des auteurs, souvent contraires dans leurs appréciations : toutefois, nous partageons l'espérance de M. Chauveau, « de voir la » compétence administrative tous les jours mieux étudiée, s'encadrer » facilement des principes qui une fois admis, éclaireront de leur » vive lumière la science du droit. »

Revenons maintenant à la question qui doit nous occuper, et pour l'éclairer, posons le principe incontestable aujourd'hui, *que l'autorité administrative est en général compétente pour appliquer ou faire exécuter les actes administratifs ou les décisions administratives.* Ainsi : les fournisseurs des armées, les entrepreneurs de travaux publics et généralement tous ceux qui ont traité avec le gouvernement doivent se pourvoir devant l'administration sur les difficultés qui peuvent s'élever en interprétation ou sur l'exécution des clauses de leur marché (Henrion de Pensey).

L'autorité judiciaire ne peut connaître de ces difficultés ni entraver l'application ou l'exécution des actes ou décisions administratifs, lorsqu'il ne s'élève aucun doute sur leur véritable sens ; mais si produits dans une instance suivie devant les tribunaux, le défendeur à cette production soutient que les clauses n'en sont pas claires et qu'elles prêtent à diverses interprétations, alors l'autorité judiciaire doit surseoir jusqu'à la décision ultérieure de l'autorité administrative sur le véritable sens de ses actes ou décisions.

Toutes les fois qu'il s'élève entre particuliers des questions de propriété, de servitude, de l'appréciation de titres anciens, l'autorité judiciaire est seule compétente ; aussi doit-elle juger lorsqu'il s'agit de savoir quelles sont les dépendances d'un moulin, d'une mine, d'un étang, lorsque ces dépendances ne sont ni spécialement, ni clairement déterminées dans l'acte d'adjudication.

Voilà pourquoi, d'après un article récent du Conseil d'Etat, le juge de paix connaît de toute action possessoire, quand même le trouble qui la ferait naître proviendrait de l'exécution d'un acte administratif. Professant la même doctrine que M. Chauveau résume avec beaucoup de clarté, nous dirons avec lui : « Les questions de possession sont » de même nature que les questions de propriété ; aussi les actions » possessoires appartiennent-elles exclusivement à la compétence » judiciaire. Il importe peu que le terrain en litige soit la propriété de » l'Etat, d'un département ou d'une commune; que ce terrain forme » une dépendance d'un chemin vicinal ; ou qu'il s'agisse de la jouis- » sance d'un cours d'eau, la compétence est toujours la même. »

Par suite de ces principes, « si à l'autorité administrative appar- » tient le droit de régler tout ce qui touche à l'alignement, à la dé- » claration de vicinalité de chemins, l'autorité judiciaire peut seule « connaître des questions concernant la propriété du terrain compris » dans l'alignement, ou du terrain sur lequel le public est maintenu » en jouissance. »

Il ne faut pas oublier que dans toutes ces questions, le pouvoir des conseils de préfecture comme celui de tous les tribunaux d'exception, se borne à déclarer le fait, mais l'exécution de leurs jugemens reste aux tribunaux ordinaires.

L'expropriation pour cause d'utilité publique s'opère par autorité de justice. Le pouvoir judiciaire homologue-t-il seulement ou exerce-t-il un contrôle réel? grande question! qu'on peut résumer ainsi : « La loi prescrit l'accomplissement de telles et telles formalités administra- tives ont-elles été remplies ? oui, l'expropriation est prononcée; non ; elle est refusée. »

Ainsi, une ordonnance royale détermine les terrains des particuliers sujets à expropriation pour utilité publique, et le jury fixe l'indemnité due au propriétaire exproprié, l'administration n'a pas à s'en occuper, parce que représentant l'intérêt public contre l'intérêt privé, elle ne peut-être à la fois juge et partie. Mais si le propriétaire exproprié éprouve des difficultés pour le paiement de l'indemnité, c'est devant l'autorité judiciaire qu'il assignera l'Etat, parce qu'il s'agit de l'exécution d'une décision d'un jury d'expropriation, qui n'est pas administrative.

L'application et l'exécution des règlemens administratifs concernant la police et la sûreté, sont du ressort de l'autorité judiciaire; c'est elle qui prononce les peines ou les dommages occasionnés au voisin, par des établissemens insalubres même autorisés, qui connaît de toutes les contraventions de police prévues par les règlemens administratifs et dans le livre IV du Code pénal. Les tribunaux de police condamnent à l'amende et à la démolition celui qui a élevé des constructions sans autorisation ou hors l'alignement qui aurait été tracé.

Nous n'ajouterons plus que quelques mots pour démontrer combien il faut de réflexions pour apprécier les nuances souvent si délicates qui séparent les limites de chaque pouvoir. Posons quelques exemples. L'autorité administrative est compétente pour décider si des habitans d'une commune remplissent les conditions voulues pour prendre part à des affouages, parce que les règlemens et les lois les ont déterminés et placés dans ses attributions ; mais si parmi les habitans il s'élève des prétentions touchant *la propriété*, l'autorité judiciaire doit en connnaître. Une ordonnance royale concède à un particulier une partie d'un terrain à dessécher, comme indemnité de travaux à faire ; si ensuite il arrive qu'un tiers revendique cette partie de terrain, ce ne sera qu'à l'autorité judiciaire que devra être portée l'action en revendication, par la raison qu'elle soulève des questions de propriété, de prescription, etc. — Si un fournisseur, dans une contestation sur un marché passé par l'état dont est saisie l'autorité administrative, présente une pièce qu'il prétend émanée du ministre et que celui-ci repousse comme fausse, l'incident de faux est renvoyé à l'autorité judiciaire, et l'autorité administrative doit surseoir.

Pour les brevets d'invention, l'autorité qui les accorde ne peut connaître des actions en dommages contre les contrefacteurs, ni des réclamations de ces derniers, prétendant, par exemple, que l'invention était connue et publiée ; l'autorité judiciaire est seule compétente à cet égard.

Nous terminerons par deux observations très-importantes : la première, qui a pour objet les travaux publics, tend à prouver que l'autorité administrative est compétente pour juger les discussions que pourra faire naître l'exécution de ces travaux, tels que des barrages sur le lit ou les rives d'une rivière ; mais que si l'entrepeneur s'écarte de ce qui a été entendu, s'il extrait des matériaux de ma propriété sans ordre administratif valable, si enfin il commet un délit ou quasi-délit en laissant errer, par exemple, ses chevaux de transport sur mes prairies, il en doit la réparation en vertu d'une disposition du droit commun qu'il n'appartient qu'aux tribunaux civils d'appliquer pour des faits tout-à-fait en dehors de la sphère administrative.

L'administration avait autorisé sans doute les travaux, tout comme elle pourrait autoriser un atelier insalubre ; mais non des dommages ou des délits provenant des travaux eux-mêmes, ou de l'établissement insalubre.

L'administration concède une mine, autorise une usine, etc. ; mais dans l'exécution des travaux, le concessionnaire blesse les droits acquis des tiers ; les tribunaux sont compétens pour prononcer des dommages, mais ils excéderaient leurs pouvoirs, comme nous l'avons déjà dit, s'ils infirmaient en modifiant les actes administratifs de concession. Il est bon de savoir que si l'exécution de travaux publics cause des dommages *temporaires*, l'administration est compétente pour les adjuger ; tandis que c'est l'autorité judiciaire si les dommages sont *perpétuels :* car alors ils prennent le caractère d'une véritable dépossession d'une partie du fonds même de la propriété immobilière. Telle est la juriprudence.

La deuxième observation annoncée tend à justifier la jurisprudence générale, qui est d'avis que les tribunaux peuvent refuser, en toute matière et surtout en matière d'impôts, d'exécuter tous règlemens et ordonnance royales contraires aux constitutions et aux lois , sur l'opposi ion portée devant eux , comme aussi ils ont le droit de refuser tout effet à tout acte administratif dont l'exécution blesserait les droits inviolables et sacrés de la propriété.

Vu par le Président de la Thèse ,
LAURENS.

9 782329 547183